AF359528

ESSAI

SUR

L'ABOLITION DU PARCOURS,

Par PIERRE VAUDAUX, d'Estavayer,

au canton de Fribourg, en Helvétie.

ESSAI

SUR

L'ABOLITION DU PARCOURS.

JE touche à la fin de ma carrière. C'est à l'âge de 84 ans que, pour la première fois, je veux me mêler d'écrire. J'ai la fantaisie, non pas de devenir auteur, mais de faire part à mes concitoyens des réflexions que je tiens de ma longue expérience sur l'art le plus intéressant pour les hommes. On comprend aisément que c'est de l'agriculture dont je veux parler.

Au reste, ne cherchez pas dans cet écrit l'élégance, le stile fleuri et les tournures adroites, qui attirent le lecteur et commandent l'admiration. A la place, je ne veux présenter que la vérité, et n'établir que des principes certains et incontestables.

On s'étonnera d'abord, que j'écrive sur une matière qui a été traitée avec tant d'art par tant de gens célèbres. Eh bien ! et moi aussi, je m'étonne que, malgré cette masse de lumières, tant de beaux mémoires et de lumineuses démonstrations, les abus les plus contraires à la bonne agriculture, à la prospérité et à l'abondance, subsistent encore parmi nous.

Dans tous les siècles, des savans ont écrit sur cet art intéressant. Des souverains le protégèrent d'une manière particulière. Xénophon, aussi grand philosophe que grand capitaine, donna au milieu d'Athènes, des leçons d'économie. Le grand roi de Syracuse, Hiéron, a laissé par écrit des leçons sur l'agriculture. Les chefs des deux premières républiques du monde, Caton à Rome, et Magon-Suffette à Carthage, écrivirent sur cet art utile. Au milieu même du luxe de l'Asie, on vit éclorre d'excellens traités d'agriculture; et parmi ces anciens agronomes, on distingue Attale roi de Pergame, Archélaüs roi de Cappadoce, Valérius-Asiaticus, et l'empereur Albinus.

Tous ces grands hommes avoient compris, que ce qui fait la puissance d'un État est, sans doute, un nombre considérable d'hommes bien employés et rendus heureux; que la force et la durée de cette puissance tiennent à une juste proportion entre ceux qui la règlent, qui l'instruisent, qui la défendent et qui la nourrissent; que celle de ces diverses classes qui mérite le plus d'attention est, sans doute, celle qui nourrit toutes les autres. Aussi le grand Sully, ministre du meilleur des rois, ne demandoit que des laboureurs et des vignerons pour soutenir les forces de la monarchie françoise.

Mais qu'est-il besoin de chercher dans les siècles reculés des exemples célèbres? Le plus grand général du monde, un homme étonnant par des faits que les enfans du Parnasse ne sauroient embellir, cet homme dont le nom ne se prononce pas sans émotion, l'empereur des François, ou plutôt; car son nom seul est plus grand encore. Napoléon, n'a-t-il pas proposé un prix honorable pour le meilleur mémoire sur l'agriculture?

Mais encore, sans sortir de notre patrie, n'avons-nous pas assez d'exemples d'encourage-

fient ? L'intéressante Société économique de Berne ne nous a rien laissé à désirer à ce sujet. A son appel, des savans de tous les États et de toutes les nations nous ont fourni, sur l'art nourricier, les plus excellens mémoires. qu'elle s'est empressée de recueillir et de rendre publics.

J'avoue que, n'ayant d'autre ambition que d'être utile à ma patrie adoptive, c'est dans ces recueils que j'ai puisé tout ce qui m'a paru le plus propre à remplir le but que je me suis proposé. Je n'ai fait qu'ajouter aux savantes discussions que j'avois sous les yeux, des réflexions, fruit de l'expérience, et dont la vérité n'échappera pas aux gens de l'art, et surtout aux agriculteurs. pour qui seuls j'écris.

Habitans de l'Helvétie, n'oubliez pas, que de deux États qui nourrissent le même nombre d'hommes, le plus puissant est, à coup sûr, celui qui possède la moindre étendue de terrein. N'oubliez pas, quels sont les dangers et les inconvéniens d'une subsistance étrangère, et les avantages d'un pays qui tire sa nourriture de son propre terroir. N'oubliez pas qu'un vent contraire, une tempête, qui empêchoient l'arrivée des vaisseaux de blé, faisoient trembler pour leur vie les maîtres du monde. On sait que l'Italie, couverte des superbes et vastes campagnes des grands de Rome, et remplie d'un peuple immense, ne jouissoit que d'une subsistance précaire, qu'elle tiroit des provinces voisines, et que ce fut là une des principales causes de l'étonnante foiblesse de l'empire Romain, qui le rendit la proie des essaims de Barbares sortis du Nord.

Helvétiens, peuple sage par nature, par principe et par nécessité, l'agriculture peut seule vous procurer les véritables et innocentes richesses. La terre les renferme toutes dans son sein ;

il n'est point pour vous de commerce plus utile que celui que vous établirez entre elle et vous. Laissez les nations orageuses, livrées aux pres= tiges de l'ambition ou de l'intérêt, sacrifier leur repos, leurs ressources naturelles, s'exposer à tous les dangers des mers, à toutes les horreurs de la guerre, pour faire des conquêtes incer= taines et fragiles, et pour se procurer des ri= chesses corruptrices. Ne faites cas que des biens que la Providence a mis sous vos pieds, que du soleil qui luit sur vos têtes. Aimez toujours la justice, l'innocence et la simplicité.

Si dans tous les siècles, on avoit suivi ce principe, les annales du monde ne fourniroient pas un si grand nombre de conquérans, dont la mémoire est ensevelie avec le bruit de leurs armes. Nous verrions encore fleurir plusieurs de ces puissans empires qui depuis long = tems ne se comptent que parmi les ruines de l'antiquité.

Cette fausse opinion de mesurer la grandeur par le nombre des peuples subjugués et des pro= vinces conquises, amena la chûte des trônes et la ruine des peuples. Nos ancêtres, ô mes con= citoyens, furent plusieurs fois victimes de cette vaine gloire, et de=là, nos contrées ne présen= tèrent souvent que l'aspect affligeant de déserts et de vastes solitudes.

Depuis plusieurs siècles, il est vrai, à l'abri de telles illusions, nous avons joui de la tranquillité; et, grâces à la divine Providence, qui après nous avoir éprouvés par les secousses insépara= bles de toute révolution, fait enfin luire sur nous l'aurore des plus beaux jours; nous n'entendrons plus l'orage que de loin.

Mais que parlai=je d'orages! Le héros du monde va lui rendre la paix, dont nous jouirons sous sa toute=puissante protection. Placé sur le trône du plus puissant empire, notre ami et notre allié ; entouré des guerriers qu'il conduisit toujours à la victoire, Napoléon vient d'ajouter à sa gloire, que je croyois à son comble : il a fait le plus sublime élan ; il a proposé la paix aux orgueil=leux Albions. Ainsi qu'il le dit lui=même, *il a assez prouvé au monde qu'il ne redoute au=cune des chances de la guerre ;* mais il veut satisfaire au vœu de son cœur, avare du sang humain. Eh bien, s'il est réduit à la perspective de voir encore les horreurs de la guerre, il an=nonce quelles seront ses véritables ressources dans cette lutte sanglante : *Des finances, fondées sur une bonne agriculture,* dit=il, *ne se détrui=sent jamais* (*). Je rappelle ici, avec plaisir, ce que lui dit un jour une demoiselle, témoin de sa retenue, de sa modestie et de son application au travail : (†) *Vous êtes si bien maître de vous=même,* lui dit=elle, *dans un âge où tant d'au=tres ne pensent qu'à se divertir, que je crois que vous commanderez un jour à l'Univers.* Elle devoit ajouter : *et que vous établirez son bonheur sur des bases solides.*

Bonaparte désire la paix ; que de biens rendus à l'agriculture ! Il fonde sur elle ses ressources ; quelle prospérité et quelle abondance ! Il est donc vrai que les grands hommes ont de grands traits de ressemblance.

Tout le monde suit avec intérêt les envoyés du sénat à la chétive métairie de Q. Cincinnatus.

─────────────────

(*) Voyez la lettre de l'empereur des Français, N° 13 du Journal Suisse, du mardi 12 Février 1805.

(†) Bonaparte étoit logé chez un Mr. Ogier à Lyon, il y a 18 ans : Mademoiselle Ogier, charmée de sa bonne conduite, lui fit cette prédiction.

A 4

On est curieux de connoître en détail jusqu'à l'écuelle qu'il tenoit à la main et sur quelle chaise il étoit assis, lorsqu'il fut salué dictateur. Nous l'accompagnons au sénat; nous croyons voir à sa suite les débris de l'armée Romaine, bientôt après marcher à la victoire. Tout dans Cincinnatus excite l'admiration et l'enthousiasme. Mais qu'il me paroît grand, quand à la tête d'une armée victorieuse, il se rappelle que son champ va rester sans culture! Oh, c'est alors que je l'admire, qu'il est vraiment mon héros!

Mes concitoyens, soyons contens désormais des bornes étroites qui en ceignent la patrie. Notre véritable intérêt, notre position politique et continentale, nous interdisent également l'ambition de les étendre. Mais nous pouvons faire des conquêtes d'un autre genre. La guerre et la violence, n'en seront pas les moyens; elles n'auront rien de cruel et d'injuste, et notre territoire même en sera l'objet.

C'est à faire de telles conquêtes que je veux essayer de concourir. Comme le bon Lafontaine, j'aurai du moins l'honneur de l'avoir entrepris. Si mes espérances se réalisent parmi nous, on verra de vastes étendues de terres, qui dans leur état actuel ne sont presque d'aucune valeur, former bientôt comme une nouvelle province, qui seront pour nous d'une plus grande importance que la possession du Canada.

Qu'il me soit donc permis de prendre part à une guerre si bien assortie à l'humanité. Je me propose du moins, malgré mon grand âge, d'y faire le service en qualité de volontaire.

Mon plan est aussi simple que mon ouvrage. J'attaquerai de front l'usage détestable du parcours, comme l'abus le plus contraire à la bonne agriculture, et dont la conservation maintien droit à toujours parmi nous, la médiocrité et une honteuse dépendance des provinces voisines.

Je donnerai ensuite quelques principes de la bonne agriculture, dans l'hypothèse de l'abolition de cet abus révoltant.

Je sens bien qu'arracher les préjugés, est la plus incertaine de toutes les extirpations.

Qu'est-ce donc qui rend si respectable ce prétendu droit de parcours ? Seroit-il comme l'arche sainte à laquelle on n'oseroit toucher, sans craindre d'être, comme Osa, frappé de mort ? Seroit-ce l'aspic fabuleux, dont le seul regard est mortel ?

Pour nous, nous ne craindrons pas d'attaquer de front ce monstre malfaisant, qui ne prit naissance que dans des siècles de barbarie et d'ignorance, et qui ne se perpétue que par la foiblesse ou l'insouciance des uns ou l'intérêt mal calculé des autres.

Sans doute le parcours n'est pas un droit régalien, parce qu'alors il appartiendroit aux gouvernemens. Ce n'est pas un droit de fief, sans quoi il appartiendroit aux seigneurs. C'est un mode de vivre, fruit d'une convention tacite, à laquelle il est bien libre à chaque particulier de renoncer; ou plutôt, c'est un abus, qui par-tout s'est formé dans le sein du désordre et du tumulte des guerres, et qui jamais n'auroit eu lieu, s'il n'eût été précédé par d'affreuses dépopulations.

Tout le monde sait, que ce furent en effet, les inféodations des terres vastes et dépeuplées par les Saxons en 830, et ensuite par les Danois, qui produisirent en Angleterre, les *communes* ou *pâquis communs*, la diminution des laboureurs, et par suite, celle du peuple entier.

Les disettes fréquentes dès-lors dans cette isle,

montrèrent bientôt que pour exécuter des grands desseins de commerce, il faut se procurer une subsistance indépendante de ses voisins. Après une longue guerre civile, ce pays se trouvant épuisé, travailla à réparer ses pertes par un commerce étendu, dont la première base fut fondée sur une bonne culture des terres.

Les savans attaquèrent et détruisirent les anciens préjugés à ce sujet, en indiquant de meilleures méthodes de culture.

Le gouvernement, de son côté, établit une police favorable aux cultivateurs ; et c'est véritablement de cette époque, que datent la grandeur, la richesse et la puissance des Anglois, à qui nous devons les premiers progrès de la bonne agriculture. Il est bien connu qu'une récolte médiocre en Angleterre, fournit pour trois années.

Le poids des impôts n'y pèse pas, par préférence ou même arbitrairement, sur le laboureur. On a compris dans la Grande-Bretagne, combien est vicieux un système qui ferme ou obstrue la source la plus abondante des plus sûres richesses d'un État. La maison du riche citadin y paie l'impôt à raison de son étendue, de son luxe et des rentes qu'elle procure ou peut procurer à son propriétaire, et la cabane du laboureur est épargnée.

Les Anglois ont converti leurs *communes* en propriétés ; sitôt que quelqu'un des part-prenans à une *commune*, présente une requête au parlement, à l'effet d'ordonner la distribution proportionnelle de ces biens à tous les ayant-droit, que les autres le veuillent ou non, le parlement nomme douze experts qui, avec les formalités requises par la loi, vont faire la répartition de ce territoire, dont chaque portion devient ainsi

propriété incommutable dans les mains de chaque particulier.

Magistrats suprêmes de l'Helvétie, surpassez
les Anglois. Ils ont remédié aux maux incalculables du parcours, par les enclos qu'on y accorde
facilement, et qui sont la première cause de
l'état florissant de la culture dans ce royaume.
Faites mieux qu'eux, dites un mot, et chaque
canton de notre commune patrie, ne sera plus
qu'un vaste enclos. Donnez à l'Helvétie toute
l'amélioration, toute la consistance et toute la
force dont elle est susceptible. Les inconvéniens
du parcours sont trop réels, et les avantages
de son abolition trop grands, pour que cet abus
puisse subsister plus long-temps parmi nous.

Inconvéniens des parcours.

Un fond qui n'est jamais cultivé, est comme
une mine qu'on n'ouvriroit jamais. C'est un fond
mort pour la communauté qui n'en tire rien,
presque mort pour ceux même qui en usent, et
par le peu de bien-être qu'il leur procure, et par
un nombre d'inconvéniens qui l'emportent de
beaucoup sur tout le bien apparent qu'il leur
produit.

Ensorte que quand on ne voudroit pas sup-
primer les *pâquis communs* pour leur peu d'u-
tilité, on devroit le faire pour le mal réel dont
ils sont la cause plus ou moins directe.

Autrefois, la plupart des prés devoient être
ouverts après la première coupe, et chaque chef
de famille n'avoit guère à clos qu'une petite possession voisine de sa maison. L'édit de 1591 de
LL. EE. de Berne fit disparoître en partie cet
abus, dans le territoire de ce canton. Une loi
du Coutumier pour le Pays-de-Vaud, confirma

cet édit, qui fut encore rappellé par le mandat souverain de 1717 et par celui de 1773.

Malgré la sagesse de ces ordonnances, l'ancien fléau étend encore partout ses ravages; partout on trouve des *pres champêtres*, des *pougessies*, des *pies en guérets*; partout les bois appartenants aux communautés, sont généralement en parcours.

Hâtons-nous d'éclairer les habitans de la campagne, et de leur mettre sous les yeux une partie des maux qui sont la suite de ce fléau destructeur.

1. Les parcours sont un attentat à la propriété, le plus sacré de tous les droits. Le possesseur d'un fond n'en peut disposer en maître que pendant la première récolte, et dès-lors, il n'en peut jouir qu'en commun avec le public. C'est pis encore, ce mi propriétaire est forcé de semer dans son champ la même graine que les voisins, afin de faire sa récolte dans le même temps; sans quoi ses graines tardives seroient impitoyablement dévastées par le bétail de la communauté, mis en parcours à terme fixe.

2. Les parcours démoralisent les hommes, en favorisant les fraudes et le brigandage: *l'occasion fait le larron.* Il n'est que trop commun de voir, à la faveur de la nuit, introduire arbitrairement ce bétail dans les possessions d'autrui, et la laisser dévastée le lendemain.

3. Les procès longs et ruineux, qui naissent si souvent à l'occasion des compâturages, ne s'éteindront jamais qu'avec les *pâquis communs* qui en sont la cause.

4. Les terreins laissés en *pâquis communs*, sont souvent tellement éloignés de ceux qui y ont droit, que quelquefois ils sont hors de leur portée, et qu'au moins le plus souvent, il faut

perdre un tems précieux à y conduire le bétail ?
à l'y chercher, à le ramener : et de là ceux qui
s'en occupent ne pouvant travailler à la fraîcheur
du matin, doivent le faire à la hâte , pendant la
chaleur , et bien souvent revenir au logis sans
avoir presque rien fait.

5. Au retour d'un voyage ou du travail , on
envoie des bœufs et des chevaux au pâturage ,
pour se repaître et se refaire de leur fatigue ;
et la plupart du temps, après avoir parcouru
beaucoup de terrein , ils en reviennent aussi fa-
tigués et presque toujours affamés. Il faut alors ,
en arrivant , leur donner au ratelier : ainsi pren=
dre au moins encore une heure sur le travail,
ou faire travailler ces animaux , sans être nour=
ris ni délassés. Ils n'ont trouvé au pâturage ni
repos ni nourriture, à moins qu'ils ne se soient
introduits , ainsi que cela arrive journellement ,
dans les *pies* à blé ou les possessions à clos.

Habitans de la campagne, n'est = il pas vrai,
que vos chevaux couverts de sueur , de pous=
sière et abîmés de fatigue , sont ainsi envoyés au
pâturage pendant les nuits pluvieuses et froides ?
Ne pourriez-vous point nous indiquer pourquoi
tant de maladies de l'avant-cœur , pourquoi les
meilleurs perdent la vue , pourquoi, en un mot,
tant de pertes ruineuses pour vous ?

6. Les pâturages ordinairement sont un piège
pour les pauvres gens de la campagne , qui pres=
que toujours succombent à la tentation d'avoir
plus de bétail en été qu'ils n'en peuvent nourrir
pendant l'hiver. Le peuple est incorrigible à cet
égard, et de-là résulte cette masse de maux qui
subsisteront autant que dureront les *pâquis*
communs.

Ainsi l'on aura toujours des vaches qui don=
neront très-peu de lait , des veaux foibles et des

génisses qui ne feront jamais honneur au troupeau.

Des bêtes d'attelage maigres, foibles et inca-
pables de soutenir des travaux pénibles.

Des pertes ruineuses, par les maladies aux-
quelles la foiblesse du bétail le fait aisément
succomber.

Des dettes nouvelles, contractées pour réparer
ces pertes, en se procurant un autre bétail, qui
traité et nourri de la même manière, périra
promptement à son tour.

Agriculteurs, nous aimons à vous interroger
et à tenir la vérité de votre bouche ; n'est-ce pas
là les maux certains qui vous désolent ?

7. Des pâturages salis de toutes manières,
entr'autres par le mélange de toutes sortes d'a-
nimaux ; souvent même des porcs, qui en fouillant, couvrent de terre et salissent beaucoup de
plantes ; des eaux rares ou éloignées, souvent
bourbeuses et croupissantes, quelquefois aussi
dangereuses que la soif, sont encore la cause
de mille malheurs, et presque toujours des maladies épidémiques.

8. Dans quels embarras et dans quel péril ne
se trouve pas une communauté, lorsque le bétail y est atteint de contagion ! On ne sait alors,
ni comment se passer du *pâquis*, ni comment
s'y hasarder. Que de précautions ne faut-il pas
prendre, lors même que ce fléau n'étend ses
ravages que dans une commune voisine !

9. A peine fait-il quelques beaux jours au
printems, que chacun s'empresse d'envoyer au
parcours son bétail, qui broute ainsi la première
pointe des herbes. Je me contente de demander
quel parti on tireroit d'un arbre dont on romproit
les boutons à mesure qu'il en pousse ?

Il est certain (et c'est à quoi les gens de la campagne ne font pas attention,) que tel pré dont la récolte nourriroit toute l'année deux vaches à l'écurie, ne leur fourniroit pas en parcours, le *pâquier* de deux mois. La raison en est bien simple : Dans la première saison, dans les temps de pluie, et toujours dans les terreins humides, la terre est pour ainsi dire pétrie par les animaux; l'herbe foulée sous les pieds et arrêtée dans sa première végétation, ne pousse plus avec vigueur pendant le reste de l'année. Il est bien connu, au reste, que le bétail fait presque autant de mal avec les pieds qu'avec la dent. Celui à corne sur-tout, armé d'un seul rang de dents, arrache en tout temps beaucoup de plantes.

10. *Le parcours est contraire à la culture des champs et à leur production.* Ici, les amis du parcours s'effarouchent et crient à l'anathème. Je vais donc fournir ma preuve.

D'abord, les terres en guérets ne sont=elles pas dans les temps pluvieux pétries, durcies et rendues compactes par le piétinement continuel du bétail qui y pâture, ensorte que le travail de ceux qui ont guéreté et biné, ne leur rapporte guère plus de profit que n'en ont ceux qui ont entièrement négligé cet ouvrage?

En second lieu, le droit de pâturage restreint la liberté de cultiver dans chaque terrein les diverses espèces de blés qui y peuvent le mieux réussir. Les économes intelligens savent très=bien, que toute espèce de blé ne sauroit également réussir dans tous les sols. Aussi, lorsqu'ils en auront la liberté, ils ne cultiveront jamais dans une terre humide ce qui ne réussit que dans un terrein sec ; et de même dans une terre forte, ce qui demande une terre légère. Il faut pourtant, dans la disposition actuelle des champs, faire comme le voisin, que ce soit bien ou mal.

Pour avoir de beaux mars, il est incontestable qu'il faudroit renverser le chaume sitôt après la moisson. Mais alors que trouveroit le bétail en parcours ?

Enfin, combien n'avons-nous pas de laboureurs qui ont des champs en trop grand nombre, et qui manquent en même-temps de bons prés ? Plusieurs, en effet, n'ont point suffisamment de fourrage pour l'entretien de leur bétail pendant l'hiver, ni assez d'engrais pour fumer leurs champs. Ils pourroient remédier à tout cela, s'ils convertissoient en prairies artificielles, ces fonds qui se reposent parmi les champs. Mais, c'est ce qu'ils ne peuvent faire, parce que ce seroit préjudicier au pâturage commun.

11. Les engrais sont avec la culture, la base de toute bonification. Eh bien, quelle perte de fumier par les allées et venues du bétail ! Le dépôt qui s'en fait sur les *pâquis communs*, peut-il jamais en dédommager ? Toujours, au reste, déposé sur la surface du sol, ou il est entraîné par les pluies, ou desséché par le soleil qui en enlève la meilleure substance par l'évaporation, et couvre d'ailleurs une partie du gazon perdu pour cette année là. Ajoutez à cela, l'herbe perdue et recouverte par les taupinières, qui sont toujours plus multipliées dans les meilleurs *pâquis communs*, où partout la négligence, à cet égard, est à son comble.

12. Les parcours sont un obstacle certain à l'accroissement et même à la conservation des bois.

On pourroit croire peut-être, que tant de soins pour l'entretien des bois, sont superflus, dans un pays comme le nôtre, où les sommets des montagnes

montagnes sont hérissés par=tout de forêts, qui
s'étendent même fort avant dans les vallons et
dans les plaines, qui suivent presque générale=
ment le cours des rivières, et qui enfin se per=
dent avec elles; dans un pays, en un mot, où
les contrées fertiles paroissent sortir du milieu
des bois, comme les isles du vaste Océan : ce=
pendant, à peine trouve=t=on un pays où toutes
les précautions à cet égard deviennent aussi in=
dispensables que dans celui=ci. Pourquoi n'en=
tend=on plus que plaintes dans tout le pays, que
le bois à brûler devient sans prix, que celui
propre à bâtir devient si rare qu'on n'en trouve
plus en plusieurs lieux, et que l'on prévoit à ce
sujet une disette générale et toute prochaine ?

Je n'ignore pas, que mille causes peuvent pré=
judicier à la conservation et à l'accroissement
des bois; mais j'affirme, sans craindre de me
tromper, que la principale est le parcours. La
preuve en est bien facile.

Le paysan qui jouit du droit de pâturage dans
une forêt, ne consulte que son intérêt prochain,
sans s'embarrasser du dommage qui en résulte.
Le bétail qui ne trouve pas assez d'herbe pour
sa nourriture, broute, arrache ou foule des mil=
liers de petites plantes naissantes, arrête la sève
dans sa première poussée. Aussi les plus belles
plantes sont dévorées ou rabougries, et leur jet
est considérablement retardé, s'il n'est pas tota=
lement détruit.

Amans des parcours, essayez de me démentir,
si vous l'osez. En attendant, je n'ai pas fini.

13. Quels frais n'est pas forcé de faire le pau=
vre particulier, qui reconnoissant l'abus détes=
table du parcours, veut essayer de n'en être plus
victime, et fermer son champ dans le milieu
d'une *pic* en guéret! Quelle perte de temps!

B

que de jeunes plantes il faut sacrifier pour établir sa fermature! Malgré cela, quels dangers
ne court-il pas, ou plutôt quelle certitude n'a-
t-il pas, de voir souvent tant de peines perdues!
combien de fois n'a-t-il pas la douleur de voir
sa récolte détruite ou gâtée par le bétail en parcours, qui rompt et brise les haies, parce qu'il
trouve d'autant moins à manger dans les *pâquis
communs*, que tous les jours leur étendue di-
minue par les passations à clos, dont heureu-
sement le nombre augmente annuellement.

14. Quel embarras et quel ennui pour un
voyageur, d'être arrêté à tout instant, par cette
multitude de barrières, (clédars), qui ferment
le chemin devant lui! Quel danger même ne
court-il pas, s'il se trouve monté sur un cheval
fougueux ou difficile! Nous pourrions citer, à ce
sujet, nombre d'accidens occasionnés par ces
barrières. Les parcours abolis, cette dangereuse
dépense devient inutile.

15. Tous les jours, le bétail mal gardé, et
même dans nombre de communes, les chevaux
laissés à l'abandon dans les *pâquis*, sans berger,
de jour et de nuit, brisent les haies, et s'intro-
duisent dans les possessions qu'ils dévastent.
Les taxes de dommage, toujours imparfaites, qui
s'en suivent, occasionnent des procès, suscitent
les haines et les vengeances. Comment, en effet,
connoître et évaluer le mal qu'auront fait 40 ou
50 chevaux qui auroient passé une nuit entière
dans une *pie* de blé ou dans une prairie? Quel
mal ne feront pas les taxateurs eux-mêmes,
s'ils veulent parcourir la *pie* dévastée, et essayer
de reconnoître exactement le dommage?

Tous les laboureurs savent que le bétail en
mésus, fait très-souvent plus de mal avec les
pieds qu'avec les dents, parce qu'il commence

toujours à parcourir la *pie* toute entière, où il s'est introduit; ce qui arrive d'autant plus infailliblement, qu'il y trouve plus à manger, ou que les graines sont plus près de leur maturité.

Dans tous les cas, quelle perte incalculable pour la société en général, pour qui le blé perdu, l'est sans ressource! quel malheur pour les particuliers qui sont victimes de ce dégât!

Je ne finirois pas, si je voulois rapporter tous les inconveniens des parcours. Je crois en avoir dit assez pour prouver qu'ils sont un mal réel, et que dès-lors il est urgent de les abolir.

Je veux néanmoins dire quelque chose des avantages qui résulteront de cette suppression.

Avantages de l'abolition des parcours.

1. Il est indubitable que la bonne culture des terres influe sur la salubrité de l'air, et contribue à la douceur du climat. Dans les terres en friche, des eaux croupissantes, mille plantes dangereuses, d'autres inutiles, fe ront place à un terrein fertile et à d'abondantes moissons.

2. On dit avec raison, qu'un animal qui appartient à deux maîtres, est toujours mal nourri. La propriété intéresse plus que ce qui est indivis; et sans m'étendre en longs raisonnemens, j'en appelle à l'expérience. Qu'à l'approche du mauvais temps ou de quelque orage, deux particuliers aient en indivision une denrée quelconque, prête à être ramassée, on les verra l'un et l'autre courir à ce qui leur appartient en propre, et la récolte en communion, restera exposée jusqu'au moment où chacun aura mis sa propriété en sûreté.

On peut juger de-là, à quel point extrême les communaux sont négligés.

3. Une culture qui s'étend à tout et ne néglige

rien, favorise tous les ar** L'abondance des
productions de la terre, éloigne les renchéris=
semens casuéls, et par=là même, les renchéris=
semens accidentels de toute main=d'œuvre.

L'abolition des parcours et le défrichement
d'une grande partie de terrein, sont donc un
avantage évident. Car c'est doubler sa terre,
que d'en doubler la valeur, qui hausse ou baisse
selon son produit.

Partout où l'on voit moins de *communes*, il
y a plus d'habitans; parce qu'il y a plus de cul=
tivateurs où il y a plus de terrein à cultiver.

La culture augmentée retient les anciens
colons, et en attire de nouveaux. Les hommes
accourent partout où ils sont le plus à leur aise,
partout où le travail est récompensé, partout où
la culture augmente le produit et les ressources.
Elle est propre à vaincre la fainéantise et à étouf=
fer la mendicité; elle aiguillonne la paresse des
uns et elle pique l'émulation des autres.

Je conviens, que la population seroit dange=
reuse, si elle n'augmentoit pas les ressources
et le bien=être; si elle n'augmentoit pas la cul=
ture par l'industrie, et l'industrie par les fruits
abondans de la culture elle=même.

Le but principal des défrichemens, est l'aug=
mentation des grains; et cette augmentation des
grains par la culture, est le meilleur de tous les
greniers. Ce moyen seul étouffe le monopole,
qui ne sauroit se placer où règne l'abondance.
„ Les greniers d'abondance, dit l'auteur de la
Bibliothèque Phisico = économique, Tome I,
page 246, "présentent une idée flatteuse, con=
„ servatrice de l'abondance et du bonheur public,
„ et ne sont pourtant que la ressource de l'igno=
„ rance, lorsqu'ils ne le sont pas de l'avidité
„ et de l'accaparement. L'intention peut être

« bonne ; mais les intérêts particuliers, les dé«
» chets de mesure, la mauvaise qualité du grain,
» la plus petite négligence dans sa conservation,
» l'intérêt du capital employé, la cherté du loyer,
» la rareté des grands greniers, la foule d'in«
» sectes qui le dévorent, les gages des ouvriers,
» la nécessité de le remuer plus ou moins, sui«
» vant qu'il est nouveau, frais, mouillé, sec,
» vieux, dans l'hiver ou l'été, &c. &c. &c.; toutes
» ces raisons qu'appuie l'expérience, rendent
» cette espèce d'approvisionnement impratica«
» ble à toute nation cultivatrice et éclairée."

4. Quelles sommes prodigieuses d'argent ne sortent pas du pays dans les années de disette, pour acheter des graines, alors toujours à haut prix? Les *communs pâquis* détruits, le terrein de l'Helvétie mieux cultivé, cet argent, à coup sûr, y resteroit. Les troupeaux, et par suite néces« saire, les engrais, seroient augmentés par une culture meilleure et plus étendue.

5. Les enclos ont quelquefois décuplé les re« venus d'une terre, et jamais on n'a essayé de s'en servir, sans y avoir beaucoup gagné. Il est con« nu, que la même quantité d'engrais et de labour profite au double dans un champ bien clos, et l'on voit toujours les enclos mieux cultivés que tout le reste ; parce que cette clôture double en quelque sorte le goût de propriété du possesseur.

Pour prouver d'une manière bien sensible l'abus détestable des parcours et les avantages de leur abolition, je veux rappeler une conversation que j'eus, il y a 42 ans, avec mes compagnons de voyage, amans des parcours, dont nous nous entretenions alors. Placés dans une barque, au milieu du lac Léman, nous avions en face le beau Pays=de=Vaud. *Eh bien*. dis=je à mes co=voya« geurs, *voyez à votre droite la riche Lavaux,* *et à votre gauche la riante La=Côte. Là. un peuple laborieux cultive sans relâche et avec soin, un terrein assez ingrat. L'aisance pour= tant y règne, et la population y est grande; eh bien, on n'y connoit pas les guérets et les jachères. Tout y est en culture et tout y excite l'admiration et la surprise. Le terrein le plus aride et le plus escarpé, est celui qui fournit avec abondance les meilleurs vins (*). Prenez garde,* continuai-je, *n'allez pas conseiller ou vanter, en abordant dans ce beau pays, l'usage des parcours; car vous y seriez regardés comme des énergumènes échappés des petites maisons.*

Avant de sortir de ma barque, je fis observer à mes compagnons les belles prairies de Vidy, placées devant nous. *C'étoient=là,* leur dis=je, *de simples* PAQUIS COMMUNS, *dont les magistrats de Lausanne, à qui ils appartenoient, ont eu la sagesse de faire les plus excellens prés à clos, dont on tire une bonne rente, et aujour= d'hui la dernière herbe vaut mieux que ne valoit la totalité du parcours.*

Je pourrois, si je ne craignois d'être long, multiplier les exemples particuliers, pour prou- ver l'heureuse influence des passations à clos, et j'en trouverois dans toutes les parties de l'Hel= vétie. Mais pour abréger, je me contente d'en citer un qui est sous les yeux de tout le monde. Dans toutes les communes, il y a des fonds à clos, malgré ce qu'il en coûte pour ces passa= tions. Malgré les frais de clôture, par=tout, et toutes les années, des particuliers ferment à

(*) Quel est le voyageur qui n'ait l'ame remplie d'étonne- ment et d'admiration, en voyant les rockers de Cully, de St. Saphorin, &c. ?

grands frais, des fonds au milieu d'une *pie en* guéret, et se soumettent encore à payer une cense annuelle, pour obtenir la faculté de disposer ainsi de leur propriété. Rien ne les rebute, pas même les dégâts certains qu'ils auront à souffrir du bétail en parcours.

C'est donc par=tout que les parcours sont per= nicieux et qu'on reconnoît les avantages de leur abolition. J'attendrai long=temps la réponse à cet argument, et à la vérité de sa conséquence.

Je veux pourtant presser encore l'un et l'autre.

N'est=il pas vrai, que par=tout, le champ à clos se vend à un bien plus haut prix que le voisin qui est sujet au parcours ?

N'est=il pas vrai, que le pré dont on n'a point laissé brouter la dernière herbe dans l'arrière= saison, donne toujours, l'année suivante, une récolte plus abondante ? Nous n'avons pas besoin d'en donner la raison; il nous suffit que l'expé= rience soit constante à cet égard. Au reste, les habitans de la campagne, et même les plus en= têtés en faveur des parcours, sauroient bien nous l'indiquer, si, leur présentant les parcours comme un bien, on leur proposoit, comme un service à leur rendre, de mettre un troupeau de vaches dans leurs prés à clos, pour en brouter la der= nière herbe. Les agriculteurs intelligens n'achè= tent=ils pas à grand prix celle des prés de leurs voisins, et n'ont=ils pas grand soin de ne pas toucher à celle de leurs propres prairies ?

Oui, c'est par=tout que l'on comprend com= bien les parcours sont pernicieux, et quels avan= tages on retireroit de leur abolition. C'est par= tout que l'on sent combien il est juste et utile, que chacun puisse disposer de sa propriété, en maître et en tout temps; que chacun puisse varier les semences qu'il confie à son ter=

rein, suivant la qualité du sol ; que son champ sec et aride, qui ne produit toujours qu'une graine petite et mal nourrie, malgré l'usage des guérets, fournisse désormais des herbes artifi= cielles, qui concourront à donner d'abondans engrais pour un autre champ qui rapportera de belles graines, et qu'ainsi le fruit le plus mé= diocre, et pour ainsi dire de nulle valeur, dans le système des parcours, après avoir fourni d'a= bondans fourrages, rapporte à son tour les plus belles récoltes en graines. On sait que les herbes artificielles pivotantes, telles que la luzerne, l'esparcette &c., ne ruinent pas la surface de la terre, qu'au contraire elles la rendent produc= tive, en la dessolant, et que même elles l'en= graissent par la putréfaction de leurs racines, lors du labour.

Je vais maintenant répondre aux objections en faveur des parcours. Je paroîtrai peut=être mi= nutieux ; mais on ne doit pas oublier que j'écris pour les gens de la campagne, et qu'il s'agit de les convaincre.

1re object. Les *páquis communs* sont une res= source pour les pauvres qui n'ont aucun autre fond, et dont on ne doit pas priver un malheu= reux après sa faillite.

R. Je voudrois bien savoir quel avantage les pauvres retirent du parcours. Le droit des pau= vres à ces *páquis*, n'est qu'une chimère qui les trompe. Le pauvre n'auroit=il pas plus d'avan= tage que les forêts communales fussent fermées, et que les bois communaux ne fussent pas rava= gés, coupés en tout tems, broutés et détruits par le bétail de quelques = uns ? sa portion ne seroit=elle pas bien plus considérable, lors du partage des bois d'affouage ?

Les rentes considérables qu'on retireroit cha=

que année de ces champs, de ces prés communaux, qui sont annuellement broutés et anéantis
par le bétail du riche, ne pourroient-elles pas
être employées à payer les dettes de la commune,
ou à soulager ces mêmes pauvres ?

Classe des indigens, classe véritablement la
plus intéressante, oui, c'est à votre détriment
réel et évident qu'on soutient le système injuste
des parcours. N'est-il pas vrai, que c'est avec les
deniers de la bourse commune à laquelle vous
avez droit, qu'on entretient ces pavés que vos
voitures ne brisent pas, et qu'on fait toutes ces
dépenses locales qui ne sont utiles qu'aux plus
aisés, tandis que vous êtes souvent rebutés,
lorsque vous réclamez quelques secours, qui ne
seroient, au reste, qu'un léger dédommagement
de l'injustice qu'on vous fait d'ailleurs (*).

Dans l'hypothèse même du partage des communaux, le pauvre pourroit travailler le pré et
le champ qui lui seroient échus, et s'en préva-
loir pour se tirer de son triste état. Alors, que
de terreins incultes, propres à fournir de bonnes
graines, seroient rendus à l'agriculture !

Il est de l'intérêt du pauvre d'être au milieu
d'une forte agriculture, dont les travaux multipliés le font vivre, et rendent son bras nécessaire.

Ces hommes que l'on connoît sous le nom
d'*habitans*, ne sont-ils pas, en général, parmi le
peuple, plus laborieux et plus à leur aise que
les bourgeois ? C'est qu'ils ne comptent pas sur
ces droits de bourgeoisie, qui ne servent que

______

(*) Les pauvres seroient bien à plaindre, si leur travail,
pendant la santé, n'étoit leur ressource, et si dans leurs
maladies, les personnes charitables ne leur tendoient pas
la main.

d'oreiller à la paresse et à la fainéantise, et qui loin d'être utiles aux pauvres, les corrompent et perpétuent leur misère.

Nous ne conseillons donc pas de priver les pauvres et les copropriétaires, d'un bien qui leur appartient. Notre système est, qu'on en établisse une jouissance plus juste et plus équitable, qu'on en augmente la valeur, et qu'ainsi ces biens soient une ressource plus assurée pour tous ceux à qui des malheurs la rendent nécessaire.

2ᵉ obj. L'abolition du parcours entraîne la ruine de divers particuliers, forcés tout-à-coup de vendre leur bétail.

R. La loi d'abolition pourroit n'être mise à exécution qu'à un terme fixe depuis sa promulgation, afin que chacun puisse se préparer, en semant beaucoup d'herbes artificielles, et n'éprouver aucun des inconvéniens chimériques qu'on paroît redouter.

Comment ont donc fait tant de communes qui ont eu la sagesse d'abolir le parcours? Il est de fait, que leur bétail n'a fait qu'augmenter en nombre et en beauté. Il est de fait encore, que la prospérité et l'abondance régnent dans toutes les parties du pays où ce fléau du parcours a été frappé d'anathème.

N'est-il pas vrai que deux bêtes à l'écurie pendant toute l'année, fourniront autant d'engrais que quatre qu'on n'y tient que six mois?

Ainsi le résultat certain de l'abolition du parcours, sera d'enrichir le pays, le district, la communauté, et les individus même qui auront le plus murmuré.

3ᵉ obj. On a déjà trop de champs, et on n'a pas assez de bras pour les travaux des anciennes propriétés, dont la culture et le produit ne sont pas au point qui seroit à désirer.

R. Ceux qui connoissent les ressources de la nouvelle culture que nous conseillons, ne feront jamais cette objection.

Il s'agit d'abord de se réduire aux champs qui peuvent donner de belles moissons ; puis de faire produire aux autres, des herbes artificielles, pour multiplier les engrais, en augmentant le bétail.

Il s'agit de varier le genre des récoltes, et de ne pas suivre la marotte de n'avoir toujours dans un fond, que *du blé, de l'avoine et rien.* Les raves, les navets, les racines de toute espèces, les pommes-de-terre, les pois, les poisettes, les fèves, les vesces, les gesces &c. &c., fourniront avec abondance le nécessaire aux familles, et la nourriture aux bestiaux.

Je voudrois donc, que le même champ ne rapportât que tous les neuf ans, la même espèce de graine, à l'exception du blé qui devra y être mis régulièrement tous les trois ans.

Il est question, dans notre système, d'établir, autant que possible, des prés égaiés et naturels, et en prés secs, autant de prés factices qu'on en voudra ; de diverses espèces d'herbes, dont les unes réussiront toujours au défaut des autres.

Les prés, au reste, exigent peu de peine et de travail, quand ils sont une fois établis. Les parcours une fois abolis, il ne sera plus question que de diriger les eaux, avec intelligence, dans les prés naturels.

Les clôtures plus rares, exigeront beaucoup moins de soin et de pertes de temps, parce qu'elles ne seront pas journellement brisées par le bétail, et elles fourniront beaucoup plus de bois, parce qu'elles ne seront pas broutées sans cesse.

De cette manière, il est aisé de comprendre,

que les travaux de, la campagne ne seront pas aussi pénibles et aussi multipliés qu'on s'imagine d'abord.

D'ailleurs, nos habitans mieux nourris, encouragés par le produit et la récompense certaine de leurs travaux, montreront plus d'activité. Il *y* aura moins d'émigrations, et par conséquent plus de cultivateurs. On verra renaître le goût pour la patrie avec la population, et bientôt nous aurons assez de bras pour cultiver toutes nos terres, pour fixer parmi nous, la force, le bonheur, la prospérité et l'abondance.

Comme dans la comédie d'*Esope à la Cour*, je veux appuier et démontrer mes principes par une fable.

> *Travaillez*, prenez de la peine ;
> C'est le fonds qui manque le moins.
> Un riche laboureur, sentant sa mort prochaine,
> Fit venir ses enfans, leur parla sans témoins :
> Gardez-vous, leur dit-il, de vendre l'héritage
> Que nous ont laissé nos parens ;
> Un trésor est caché dedans.
> Je ne sais pas l'endroit ; mais un peu de courage
> Vous le fera trouver, vous en viendrez à bout.
> Remuez votre champ dès qu'on aura fait l'oût :
> Creusez, fouillez, béchez, ne laissez nulle place
> Où la main ne passe et repasse.
> Le père mort, les fils vous retournent le champ,
> Deçà, delà, par-tout ; si bien qu'au bout de l'an
> Il en rapporta davantage.
> D'argent, point de caché. Mais le père fut sage.
> De leur montrer, avant sa mort,
> Que le travail est un trésor.
>
> *La Fontaine*, *fable IX. Liv. V.*

4ᵉ obj. Si les parcours sont abolis, il n'y aura plus de graines, ou du moins qu'en petite quantilté, parce que les champs se rempliront de mauvaises herbes qui sont détruites par les animaux qui fouillent la terre, pour manger les racines. Les *voires* et les hannetons dévasteront les possessions.

R. Je pose en fait, que les récoltes sont ordinairement plus belles dans les fonds à clos, et qu'il n'y a pas de commune où l'on n'en trouve la preuve : c'est donc une erreur grossière de croire que les animaux nous rendent de grands services en fouillant la terre, et qu'ils se nourrissent de la racine des mauvaises plantes ; ils ne font, au contraire, que maux réels et évidens. Ne renversent=ils pas les meilleurs prés, en les labourant, pour ainsi dire, et en couvrant de terre le gason voisin de celui qu'ils ont détruits ?

Ici, je m'adresse à tous les agriculteurs, à tous les gens de la campagne. N'est=il pas vrai, que plus la moisson est belle et abondante, moins il y a d'herbe dans le champ après la récolte ? N'est=il pas vrai qu'en labourant alors ce fonds, il ne se rempliroit pas d'herbes, que le chaume lui serviroit d'engrais, et qu'il en seroit plus propre à rapporter des belles graines de printemps ? N'est=il pas vrai, que l'année qui précédera la récolte des bleds, on peut mettre dans le champ une semence qui détruise efficacement les herbes, même celles qui résistent aux inutiles guérets, comme le chardon, le chiendent &c. J'en indiquerai la méthode sûre, dans les principes de la bonne agriculture, qui termineront cet ouvrage.

Me trouvant un jour à discourir avec un de ces raisonneurs entêtés en faveur des parcours, je trouvai pourtant moyen de lui fermer la bouche. Je le conduisis, en discourant, auprès d'une possession à clos, invêtue en graines d'automne. *Voilà*, me dit-il spontanément, *les plus belles graines de nos quartiers.* — *Il y a pourtant 30 ans*, lui répartis-je, *que ce fonds est en culture, sans que jamais son propriétaire ait cessé d'y récolter des belles graines, ou des herbes artificielles.* Sans réfléchir à l'argument et aux armes qu'il me fournissoit pour le terrasser, *ce propriétaire*, dit-il, *fait beaucoup d'engrais, en tenant son bétail toute l'année à l'écurie, et il n'est pas étonnant que ses fonds bien engraissés donnent d'aussi belles récoltes.* Ma réponse fut prompte et sans réplique. *Eh bien*, dis-je à mon partisan des parcours, *imitez ce vrai agriculteur, et vous aurez des engrais et des récoltes comme lui.*

Hommes pleins de préjugés, qui voyez chaque année de semblables prodiges autour de vous, et qui restez dans votre erreur, je vous livre aux réflexions que doit faire naître en vous cette conversation que j'ai fidèlement rapportée.

Quant à l'inconvénient des *voires* et des hannetons, je réponds d'abord, que malgré l'usage des parcours et des jachères, ces insectes dévorent les campagnes. Et je prétends, au contraire, que le parcours aboli, ce fléau disparoîtra presque entièrement. Qu'on attende pour me juger.

On m'accordera bien, sans doute, que cet insecte ne fait aucun ou presque point de mal dans les prés gras et bien arrosés, ni dans les prés artificiels d'herbes pivotantes, comme le sainfoin, la luzerne &c. Eh bien, qu'on redouble de soin pour égayer les prés naturels, et qu'on en établisse beaucoup d'artificiels.

Il est connu encore, que cet insecte devenu papillon, se nourrit sur les haies, et va déposer

ensuite sa funeste progéniture dans les possessions voisines, où métamorphosé en *voire*, il
cause les plus grands dommages les années sui-
vantes, jusqu'à-ce que redevenu périodiquement
papillon, il dévore dans ce nouvel état, non-seu-
lement les haies, mais les meilleurs arbres fruitiers.

Les parcours abolis, cette multitude de haies
vives qui sillonnent nos campagnes, et qui en-
tourent quelquefois une propriété de 40 à 50
toises et occupent ainsi un sixième du terrein,
disparoîtra, et avec elle le fléau destructeur.

Ajoutez à cela, que chaque particulier n'étant
plus forcé d'avoir, *tant de poses* par *pie*, comme
dans le système des guérets, formera des arron-
dissemens et des pièces d'une plus grande étendue,
et apportera plus de soin à faire la guerre à cet
insecte malfaisant. Sa ressource alors sera de
se jetter sur les forêts, dont le bois devenu plus
épais, dès qu'il ne sera plus brouté par le bétail
en parcours, sera bientôt à l'abri des dégâts qui
lui sont ordinaires. Il ira donc déposer ses œufs
dans le fond voisin, qui presque toujours humide
à la proximité des forêts, est peu propre à sa
conservation.

5ᵉ obj. Les terreins de toutes les communes
ne sont pas propres à rapporter des herbes artificielles.

R. Par-tout les champs en pente fourniront,
avec peu de frais, ce foin excellent, cette ressource inappréciable. Les champs plus plats et
plus humides, au moyen de quelques fossés,
donneront du beau trèfle et de la belle graine.
Eh bien, qu'on veuille nous indiquer quelles sont
les communes qui ne possèdent pas une certaine
étendue de ces deux espèces de sites.

6ᵉ obj. Quelques communes se sont mal trou-
vées d'avoir aboli les parcours.

R. Encore ici, je voudrois qu'on nommât au moins une de ces communes, afin que je démon= trasse du doigt à l'œil à ses habitans, qu'ils sont des ignorans ou des fainéans. Je leur dirois, qu'il ne suffit pas d'abolir les parcours pour avoir des belles récoltes en tout genre, mais qu'il faut redoubler d'activité. multiplier les engrais, par l'établissement des prés de l'une et l'autre espèce, et qu'alors ils seront sûrs du succès. Je leur dirois, que la terre est une bonne mère qui renferme toutes les richesses dans son sein, où il faut les chercher sans relâche. Je leur rappellerois la fable du *Laboureur et de ses enfans*; je leur opposerois l'exemple de tant de communes enri= chies par l'abolition du parcours (*); je leur montrerois les prodiges étonnans des défriche= mens, ces terreins incultes autrefois, où les ronces et les bruyères même ne pouvoient croî= tre, couverts aujourd'hui des plus belles récoltes.

Si de tels exemples ne pouvoient les frapper et leur desciller les yeux, je les regarderois alors, non pas comme des malades désespérés , mais comme des hommes , dont le goût gâté, ne peut décider et faire régle pour le grand nombre qui se porte bien.

7ᵉ obj. La réduction des *páquis communs*, à clos , nuiroit beaucoup aux moutons.

R. Les Anglois , qui font un si grand com= merce des laines, en furent d'abord allarmés. Nous apprendrons bientôt, comme eux , que

---

(*) Ne pouvant multiplier les exemples sans nombre que je pourrois fournir dans toutes les parties de l'Helvétie, je me contente d'engager mes lecteurs à voir les effets prodigieux & étonnans de l'abolition du parcours, dans les communes de Mides, Fonds et Chables, au canton de Fribourg. La plus entière misère y a fait place à une aisance réelle.

toutes les espèces de bétail tireront de grands
avantages de l'abolition des parcours. Au moyen
des foins artificiels, on nourrira une plus grande
quantité d'animaux domestiques. L'établissement
des parcs sera avantageux à l'agriculture et à la
conservation des moutons, et dans peu je me
propose de mettre au jour un mémoire à ce sujet.

8ᵉ obj. La quantité surabondante des denrées,
en produira l'avilissement, et par suite, le dé-
couragement du cultivateur.

R. Simple comme les gens de la campagne,
avec qui je passe ma vie, j'avoue que je n'aurois
pas eu le génie d'inventer cette objection, si je
ne l'avois trouvée dans le mémoire de Mr. Sei-
gneux. J'avoue encore, que je ne l'aurois pas répé-
tée, si je n'avois appris qu'un citoyen, distingué
par sa qualité de membre d'un grand-conseil de
l'Helvétie, avoit eu l'esprit de dire qu'il vôteroit
toujours contre l'abolition du parcours, *parce
que cette abolition le forceroit à de grosses
dépenses, par l'établissement de nouvelles granges pour placer alors ses récoltes.*

Homme égoïste, ainsi que ceux qui s'oppo-
seroient à la loi bienfaisante par des vues d'intérêt particulier, n'oubliez pas que vous êtes au
poste éminent, pour vous occuper du bien public,
de l'intérêt du peuple, et non de ce que vous
pourriez en souffrir en particulier.

Quant à moi, je ne comprends pas que l'a-
bondance puisse jamais être une calamité publique.
Je crois, au contraire, qu'elle fait fleurir les arts
utiles, attire des hommes, produit des consom-
mations, et procure mille secours au laboureur.
Je crois que, dans la disette, l'entrée des graines
étrangères détruit le colon du pays par la con-
currence, pendant que l'abondance écarte la misère, et donne des consolations de tout genre à

la partie la plus foible et la plus dépourvue du peuple.

Eh! d'ailleurs, pourquoi la craindre? Vaut-il donc mieux envoyer annuellement à l'étranger des sommes considérables pour nous procurer les graines nécessaires? Trouveroit-on du plaisir à cette effrayante diminution du numéraire, et ne sait-on pas qu'à-présent, dans les meilleures années, l'Helvétie récolte tout au plus pour huit mois de l'année?

Au reste, je vais indiquer un spécifique assuré à ceux qui craignent la trop grande abondance, et les frais qu'entraîneroient les nouveaux éta-blissemens propres à cacher leurs denrées : *Le grenier des pauvres et des indigens est im-mense;* c'est-là où je leur conseille de placer leur superflu, au lieu de s'opposer, sous ce prétexte, au bien général.

Voilà pourtant ma réponse finie, quoique l'objection m'ait d'abord fort embarrassé, à rai-son de sa singularité et de la surprise qu'elle a jettée dans mon ame.

9.e obj. Il existe des communes et même des particuliers qui ont acquis le droit de parcours sur leurs voisins.

R. Mais que veut-on donc conclure de-là? Le parcours en est-il moins un mal réel pour le pays, pour l'État, pour les communes et pour les particuliers en général? Qu'on respecte les titres de ceux qui en ont, cela est tout simple. Tant-pis pour ceux qui ont ainsi grévé leur pro-priété d'une tache honteuse. Qu'ils fassent des sacrifices pour se racheter; ils ne sauroient les faire trop grands.

J'ai bientôt rempli ma tâche.

J'ai montré les inconvéniens sans nombre des parcours, et les avantages à résulter de leur abolition.

J'ai présenté l'autorité des plus grands hom=
mes, en faveur de mon système d'abolition.

Je me suis étaié d'exemples à la portée de tout
le monde.

J'en ai appellé à la conduite même des parti=
culiers dans chaque commune où existe encore
le parcours.

Je crois d'ailleurs avoir répondu avec quelque
solidité aux objections que l'on présente ordi=
nairement en faveur du monstre que j'ai combattu.

Et, puisque tout terrein brut qu'on met en
culture, est une conquête faite sur la stérilité ;
puisque par=tout on trouve de ces non=valeurs,
dont le moindre parti seroit d'en doubler, et
quelquefois même d'en décupler la valeur, c'est
par=tout que les défrichemens sont avantageux.

Puisque par=tout les fonds à clos sont toujours
les plus fertiles et les plus précieux, c'est par=
tout qu'il convient que tout soit à clos.

Puisque par tout où l'on a fait cet heureux
essai, on en a retiré les plus grands avantages,
c'est par=tout qu'il faut abolir l'abus contraire.

Que les montagnes donc, où se fabrique le
fromage, soient seules conservées en parcours.
On n'en sauroit tirer un meilleur parti. Ce sont
les mines d'or et d'argent propres à l'Helvétie,
et jamais ce sol ne pourroit être avantageusement
rendu à l'agriculture.

Quant aux marais immenses qui existent dans
le plat pays, il ne faut que du courage et de la
persévérance pour en faire d'excellens prés arti=
ficiels, ou des champs qui nous donneront d'abon=
dantes moissons en graines de toute espèce. Que
de bras alors utilement employés ! Quelle res=
source ! Oh, c'est vraiment alors qu'on verroit
s'éloigner de nous la misère, et ces années de
disette, qui nous rendent si souvent tributaires

des provinces voisines, qui viennent sans cesse pomper nos foibles ressources.

Ainsi, ne seroit-il pas facile de faire un lit à la Broye, en ligne directe depuis Payerne au lac de Moral, et de conduire dans ce nouveau lit les eaux stagnantes des deux parts, au moyen de fossés larges et profonds? Les dépenses que feroit le gouvernement pour tendre secours aux riverains, reviendroient bientôt vers leur source.

Les marais de Morat et de Siétre, qui vont à-peu-près à moitié chemin d'Arberg, au midi ceux d'Aueth et de Cudrefin jusqu'au pont de Thiel, et de-là jusqu'au lac de Bienne, sont tous susceptibles de devenir de bons terreins à blé ou des prés artificiels, en faisant des canaux, toujours dans les lieux les plus bas, et de distance en distance, proportionnellement au besoin. La terre qu'on en sort, toujours mise sur la surface du terrein, le relève et le bonifie.

Quel est le voyageur qui ne se sente l'ame attristée, en voyant cette étendue immense de marais depuis Yverdon jusqu'à Entre-Roche?

Ici, je veux établir la preuve phisique de la possibilité qu'il y a de rendre tout ce terrein à l'agriculture. Le lac est évidemment plus bas que ces marais, à travers desquels deux rivières vont se décharger dans ce lac.

Qu'on établisse donc deux grands canaux qui aient leur embouchure au lac, à l'orient et occident de la ville; que des fossés larges et multipliés aboutissent obliquement à ces canaux; le succès est certain et évident (*).

____

(*) La commune d'Yverdon a remis, depuis quelques années, à ses bourgeois des parties de terrein qui, jusques alors, n'avoient été que de mauvais paturages. On les a cultivées, desséchées, labourées, semées en graines ou en légumes, et les récoltes y sont à-présent aussi bonnes qu'abondantes.

Dans le haut et bas Valais, toute la rive droite, dès le port Valais jusqu'à Marsangi, est suscep= tible d'être rendue à l'agriculture, en conduisant les eaux stagnantes par le moyen des canaux aboutissans au Rhône.

Qu'on fasse la même opération pour les marais depuis Martigni jusqu'à Sierre, et l'on fera de ces terreins incultes un des meilleurs sols pour l'agriculture.

Les marais de Villeneuve, les environs de Roche, tous les bas d'Aigle jusqu'au=dessous de St. Triphon, peuvent également être rendus à l'agriculture par la méthode que je viens d'in= diquer ; les canaux que l'on établiroit jusqu'au Rhône, en les dirigeant du côté du cours du fleuve, à coup sûr dessecheroient cette immense étendue de pays, et en feroient le grenier du canton de Vaud.

Qu'on veuille m'appeller sur les lieux, je me sens encore la force d'aller démontrer du doigt à l'œil la possibilité de mon système de prospé= rité pour cet intéressant canton.

Voici maintenant quels sont mes principes d'une bonne agriculture, dans le système de l'abolition du parcours. Ils sont courts, simples et faciles.

Je ne veux pas m'égarer dans des projets scientifiques, brillans dans la spéculation, trop dispendieux, et même souvent impraticables. Je n'oublie pas que je n'écris que pour les gens de la campagne.

Le premier soin de l'agriculteur est de se pro= curer des engrais, et par conséquent des four= rages pour nourrir le bétail.

Dans le système des parcours, le malheureux qui n'a que trois poses de champs, ne peut abso= lument récolter aucune graine; parce que, n'ayant point de fourrage, il ne peut nourrir aucun bétail. Il est contraint de laisser ses champs en friche ou de les amodier à vil prix à un fermier qui les ruine : j'en appelle à ce qui se voit dans toutes les communes. Si les parcours sont abolis, ce particulier, à force de soins, pourra se procurer, soit en amodiant du ruclon dans sa commune, soit d e toute autre manière, des engrais pour une de ses pièces. Il pourra l'ensemencer de graines d'automne, et au printems y semer 20 lb de graine de trèfle, qui lui fournira de quoi nourrir une vache pendant deux ans, l'été en verd et l'hiver en sec. Bientôt il aura deux poses ensemensées, l'une en froment et l'autre en seigle.

De cette manière, en alternant ses pièces, il fera 14 à 15 chars de fumier ; il récoltera 17 à 18 sacs de graines : le voilà en train; il vivra avec sa petite famille.

Ajoutez à cela, la part qu'il retirera des prés champêtres et communs, qui étoient annuelle= ment broutés par le bétail des riches.

Celui qui possède cinq poses, pourra en avoir deux en herbes artificielles, et de cette manière garder toute l'année deux vaches, qui lui procu= reront 30 chars de fumier. Il aura ainsi 25 sacs de graine, et deux vaches qui lui fourniront abondam= ment le lait et le beurre nécessaire à son ménage.

Seroit-il besoin, d'après ces bases, de calculer les avantages de celui qui possède un gros do= maine ?

Nous l'avons dit : la terre renferme toutes les richesses dans son sein, et il ne faut que les y chercher sans cesse.

Ainsi, que dans toutes les écoles primaires on donne des leçons d'agriculture, qu'on fasse ap= prendre par cœur aux enfans, notre fable du *Laboureur et de ses enfans.*

En attendant, je voudrois qu'on fouillât, qu'on renversât, à 2 ½ pieds de profondeur, les terreins pierreux. Pour cela, on fait à un des bouts de la pièce un fossé aussi large que profond, dont on conduit la terre à l'autre bout, pour remplir le dernier fossé. En défonçant ainsi une pièce, on unit son terrein, on tire les pierres qu'on dépose sur le terrein déjà renversé, pour s'en servir au besoin, et au moyen de quelques coups de charrue qu'on donne à ce fonds, dans le courant de l'été qui suit l'achèvement de cet ouvra= ge, et de 12 chars de fumier par pose, on trouve infailliblement le trésor qui étoit enfoui.

En général, il faut labourer profond, au moins de 8 à 10 pouces ; mais sur=tout pour les graines de printems, qu'on doit herser avec des herses pesantes et bien faites, dont les dents soient courbes et bien acérées, les trois rangs devant à lames plates, et les autres quarrées et plus longues, afin que la semence, profondément en= fouie, soit bien recouverte et ne soit pas expo= sée à la sécheresse.

Le défaut de soin, à cet égard, est tel, qu'on voit les graines de la plupart des cultivateurs germer par ligne, suivant la direction des raies ; parce que celle qui est tombée dans la profon= deur entre les raies, a seule pu germer ; ensorte qu'on perd constamment la moitié des semences.

Pour détruire les mauvaises herbes, donnez un coup de charrue après la moisson.

Un autre moyen infaillible, c'est de semer des poisettes grises fort épaisses, qui auront l'avan= tage de procurer un excellent fourrage à vache, si l'on a soin de les couper en fleurs et de don= ner un labeur après cette récolte. Ce fonds, quel qu'il soit, sera propre à être ensemencé de froment, en le fumant bien.

C 4

Dans les champs trop humides, il faut, autant que faire se peut, y creuser des fossés en talus, d'environ 8 pieds d'ouverture, 1 ½ pied au fond et à 4 pieds de profondeur, les laisser ouverts pendant une année, afin que tous les petits fils d'eau puissent s'y ramasser. On établit après ce temps, au fond de ces fossés, deux petits murs hauts et distants de demi-pied l'un de l'autre, qu'on couvre d'autres pierres plates avec beaucoup de soin. On enduit le tout avec une couche de terre grasse, et préparée en façon de mortier, à trois pouces d'épaisseur. Quelques jours après on comble le fossé; on laboure bien ensuite ce terrein, qu'on laisse ainsi environ deux mois pour pourrir le gazon; on le ferme; on donne un second coup de charrue en Août; après quoi on le sème en froment dans la saison propre.

La véritable ressource du cultivateur est d'établir beaucoup de prés artificiels en fenasse fromentale de Lombardie, en luzerne, en esparcette, en trèfle, &c. Celui qui a beaucoup de fourrage, aura toujours beaucoup d'engrais; et avec beaucoup d'engrais, on aura de riches et d'abondantes moissons.

Luzernière. La luzerne, plus que tout autre foin artificiel, demande du travail.

Creusez, fouillez, béchez, ne laissez nulle place
Où la main ne passe et repasse.

Pour avoir donc une luzernière qui dure au moins 30 ans, il faut choisir un terrein sain et bien défoncé. Après la récolte du froment, sur une pose de 400 toises, on conduit 12 chars de fumier, qu'on étend bien égal et bien menu : on laboure aussi profond que possible. Au printemps, dès que la bonne saison est venue, on donne un second coup de charrue, on herse avec beaucoup de soin, et l'on sème 40 lb de graine.

Au bout de deux ans il faut bien engraisser, dans l'arrière=saison et avant les fortes gelées, cette luzernière, avec du fumier mêlé de terre, selon la méthode que nous indiquerons ci-après.

Nous n'avons pas besoin de nous étendre sur les avantages prodigieux de ce fourrage ; tout le monde le connoît. Mais cette ressource inap=préciable sera toujours nulle parmi nous, tant que le désolant fléau du parcours existera.

La fenasse fromentale de Lombardie, nous offre pareillement les plus grandes ressources. Ce foin excellent trop négligé et pas assez connu parmi nous, s'accommode mieux que la luzerne de toute espèce de sol, pourvu toutefois qu'il ait été bien préparé par la charrue, la herse et les engrais. Il faut 150 lb de semence par pose de 400 toises, dont on fait un pré perma=nent, en le fumant tous les deux ans.

La fenasse est même la seule herbe qui con=vienne dans les vergers ruinés, et qu'on veut rétablir. Pour cela, il faut en retourner le terrein, avec la pèle quarrée, à 2 ½ pieds de profondeur, le bien fumer ensuite, le labourer et l'ensemen=cer en froment, en saison convenable. L'année suivante, après la moisson, on le fume, on le laboure deux ou trois fois, jusqu'au printems, où l'on y met la semence de fenasse.

De cette manière, outre la quantité de four=rage qu'il donne, les arbres qui ont eu leurs raci=nes rafraichies, se chargent de fruits.

Esparcettes ou Sainfoin. Que de choses j'au=rois à dire sur ce foin par excellence ! Mais pour ne pas redire ce que tout le monde sait déjà, je me contente de renvoyer les lecteurs au Recueil des Mémoires par la Société Économique de Berne.

C'est là qu'ils trouveront les détails les plus in=
téressans.

J'observe seulement, que le terrein le plus
aride, bien défoncé et engraissé, lui convient;
qu'il se plaît même, au moyen de quelque tra=
vail, dans le sol qui paroissoit infertile à tou=
jours.

J'observe encore, qu'il faut semer deux mesu=
res de cette graine où l'on sèmeroit une mesure
de froment.

Je me suis toujours bien trouvé de mêler 2 lb
de fenasse fromentale dans chaque mesure d'es=
parcette.

J'ai souvent remarqué que la graine d'espar=
cette semée sur la surface du sol, sans être re=
couverte, et ainsi exposée à l'ardeur du soleil,
pousse un germe qui dépérit souvent avant d'a=
voir pu pénétrer dans l'humidité de la terre.
Ensorte qu'il est à propos de l'herser légèrement
avec une herse d'épine, à moins qu'on ne la
sème sur le gazon, ou sur la fin de Juin, dans
la seconde coupée du trèfle.

Nous ne dirons rien sur cette dernière espèce
d'herbe artificielle : chacun connoît ses avanta=
ges et la manière de se les procurer.

On rencontre quelquefois des terreins où le
froment ne réussit pas après le trèfle : qu'à la
place on y sème huit quarterons de poisettes
grises par pose ; on sera assuré qu'elles ren=
dront bien autant que le trèfle, si l'on a soin
de les faucher dès qu'elles seront en fleur. On
aura même une seconde coupée, vers la fin de
Septembre. Après cette seconde récolte, on labou=
rera le champ, et au printems on fumera et on le
labourera de nouveau, pour y mettre du froment
de printems. Dans l'automne de la même année,

on y sèmera, sans engrais, du seigle, qui y réussira parfaitement.

Jusqu'à présent je n'ai parlé à-peu=près que des graines d'automne, et des moyens assurés de se procurer des engrais, par l'établissement des prés artificiels, dans la supposition de l'a= bolition des parcours. Ce ne sont pourtant pas là les seuls avantages que procurera cette abo= lition. Dans le système actuel, un champ ne rapporte constamment que *du blé, de l'avoine et rien.*

L'avoine est pourtant la moindre des récoltes connues. Elle a le fâcheux caractère de ruiner le terrein, de le dénaturer, pour ainsi dire , en changeant sa surface en sable blanc. J'en appelle à l'expérience journalière, et à ce que tout le monde peut voir de ses propres yeux.

Le froment barbu et l'orge pillion tiennent, sans contredit, le premier rang. Après avoir fumé, labouré et bien préparé la terre, comme pour l'établissement d'une luzernière, le culti= vateur est assuré d'être abondamment payé de ses peines.

Sept quarterons de cette première espèce, par pose de 400 toises, mesure d'Estavayer, 4 ½ de Fribourg, 5 de Berne, de Payerne et de Lau= sanne, rendent communément 12 sacs d'Esta= vayer, 8 de Fribourg et 9 de Berne.

L'orge pillion, en semant dans une pose de la même étendue de 400 toises, 4 mesures d'Es= tavayer, 2 ½ de Fribourg, et 3 de Berne, donne 10 sacs d'Estavayer, 8 de Fribourg et 9 de Berne. Il faut labourer profond et employer la herse de la manière indiquée ci-devant.

Pour en faire un beau et excellent pain, il en faut moudre séparément un sac, demi=sac de seigle et 1 ¼ sac de froment, et mêler ensuite ces trois espèces de farines.

Moyens d'économiser le foin.

Il est bien constant, qu'un quarteron de poi= settes grises en vaut deux d'avoine, outre que le fourrage de celles qu'on a laissé mûrir, est un bon foin pour les chevaux. On peut leur donner ce grain en le faisant tremper 6 heures d'avance.

On peut aussi faire moudre des poisettes, y mêler un peu de sel et de son. C'est là la meil= leure nourriture.

Un autre moyen d'économie, seroit de se pro= curer de grands cribles à petits trous quarrés, pour cribler toutes les poussières de froment, afin d'en sortir la barbe, la poussière et la terre. On met le résidu dans un pétrin, on y mêle un peu de farine de quelques graines chétives, du son et du sel ; on pétrit le tout comme du pain : on en donne au bétail deux fois par jour. Avec cela, on est assuré d'avoir des chevaux vigoureux et bien portans.

Un bon économe doit avoir soin de faire cou= per son foin court dans le tas : de cette manière, il pourra économiser deux toises sur vingt.

J'ai gémi bien des fois, en voyant, dans nom= bre de communes, le meilleur de tous les engrais pour les prés, aller se perdre dans les ruisseaux et dans les rivières. Ne seroit=il pas bien facile d'établir sous les courtines, des fondrières où tomberoit le purain, que l'on conduiroit en tems convenable sur les prés, après y avoir semé au= paravant les criblures de froment, de seigle et de foin ? La négligence à cet égard, est vérita= blement frappante.

On trouve beaucoup de prés qui sont sujets à se couvrir de mousse. Le remède est pourtant bien simple et bien facile. Il s'agit, vers la fin de Février, d'étendre sur ces sortes de prés, du fumier de cheval, et au commencement d'Avril de défaire avec soin ce fumier avec des rateaux de fer, dont les dents arrachent la mousse qui a été altérée par le dépôt de ce fumier. Cette mousse, la paille et la partie la plus grossière du fumier, sont mises en tas que l'on conduit sur les courtines, où elles forment à leur tour un nouvel et bon engrais.

Méthode à employer pour se procurer des engrais abondans et propres pour tous les fonds, particulièrement pour les luzernières.

L'on a souvent des pièces de terrein où il se trouve des tertres, d'autres où l'on rencontre 5 à 6 pieds de bonne terre. Il n'est question que de faire de grandes courtines de 3 à 4 pieds de hauteur, en mettant une couche de terre et une couche de fumier, et laisser ensuite fermenter le tout deux à trois ans, pendant lesquels on peut sans inconvénient y planter des choux ou des pommes-de-terre. Cet engrais excellent a plus de consistance que les fumiers ordinaires; ses prodigieux effets sont plus longs et plus durables. Conduit sur le terrein qui aura rapporté du froment et du seigle pendant quelques années, il le rend propre à devenir un pré permanent de fenasse fromentale.

Un objet bien important et par trop négligé par les habitans de la campagne, c'est la propreté des granges et écuries : je veux donc qu'on n'oublie pas que ce sont des appartemens qui méritent tous nos soins, puisque le bétail est la ressource et la richesse de l'agriculteur. Je veux que tous les mois, on brûle dans les étables et écuries, un peu de bois de genièvre fendu mince, et quelque graine de cet arbuste. En éteignant ce feu avec un peu de vinaigre, on procure une odeur agréable et salutaire au bétail, que l'on préserve à coup sûr de maladies contagieuses, et par-là, l'on prévient tant d'accidens fâcheux qui désolent et ruinent souvent les gens de la campagne.

J'ai fini.

Citoyens Magistrats suprêmes de l'Helvétie : le droit sacré de la propriété, les principes de nos diverses constitutions, le bien de l'Etat, des communes et des particuliers, sont en opposition avec le prétendu droit de parcours, fruit de l'erreur, de l'ignorance et des préjugés. Les inconvéniens en sont grands, et les avantages de son abolition sont incalculables.

Citoyens Législateurs : ce qui est bien, convient à toutes les localités qui sont susceptibles de ce bien ; c'est toujours dans le *mieux* de toutes les localités, que se trouve l'intérêt général et particulier. Prononcez donc enfin l'abolition de ce monstre qui nous dévore. Froissez les volontés particulières, pour faire le bien général. Que désormais chacun, sans rien payer pour l'abolition de ce prétendu droit de parcours, puisse disposer en tout tems de sa propriété, de la manière qu'il trouvera lui être plus avantageuse. (*)

(*) *Dans le cas d'une finance pour ce rachat*, me disoit un jour un de ces amans déguisés du parcours, *il se formeroit une somme à laquelle le pauvre auroit part.* Mais pour ordon-

Que partout les bois et les fonds communaux soient sévèrement mis à clos. Que le Gouvernement protège et encourage l'agriculture, par les éloges et les récompenses, en faveur des économes les plus zélés. Qu'on ne perde pas de vue, que la ruche ne se remplit que de ce qu'y apporte l'ouvrière et industrieuse abeille.

Qu'il soit choisi partout, des agriculteurs zélés et intelligens, qui enseignent aux habitans de la campagne à diviser en petits sillons convexes, les champs plats et humides, en leur montrant l'exemple des plus fertiles provinces de l'Empire françois. Il ne faut jamais perdre de vue ce fait vérifié par l'expérience, que les portions d'un terrein subdivisé, rendent plus que ne le feroit le mas réuni.

Qu'ils leur montrent les avantages et la culture des prés artificiels, et la manière de diriger les eaux pour égayer les prés naturels.

La plus belle fête de la Chine, est le jour où chaque année, le chef de ce vaste et riche empire, à la tête du plus brillant cortège et de sa cour, prend lui-même les cornes de la charrue.

Le plus intéressant, le plus beau jour pour l'Helvétie, sera celui où la bienfaisante loi de l'abolition des parcours sera promulguée parmi nous.

(Rédigé par NICOD, *cadet, avocat,
à Echallens le* 1er *Mai 1805.)*

---

ner un rachat, il faudroit avoir la certitude que le parcours est un droit réel ; ce dont je suis loin de convenir.

D'ailleurs, le pauvre ne retire aucun avantage du parcours, et il a tout à gagner de son abolition ; ensorte que loin de se plaindre, il bénira notre système, dont partout il réclame l'exécution.

9 782329 664231